쿠키런 킹덤

8 오염된 석류의 숲

글 김강현 그림 김기수

글 김강현

종합학습만화지 〈보물섬〉에 수리과학 만화 〈홈즈VS루팡 수학대전〉과 예체능 만화 〈파이팅 야구왕〉을 연재했습니다. 저서로는 〈라바 에코툰〉, 〈코믹 드래곤 플라이트〉, 〈쿠키런 서바이벌 대작전〉, 〈신비아파트 한자 귀신〉, 〈잠뜰TV 픽셀리 초능력 히어로즈〉 등이 있습니다. 어린이들이 만화를 통해 상상력과 창의력을 키울 수 있도록 끊임없이 연구하며 글을 쓰고 있습니다.

그림 김기수

학습만화 단행본 〈코믹 귀혼〉, 〈카트라이더 수학 배틀〉, 〈테일즈런너 바다 생물 편〉, 〈코믹 서유기전〉, 〈마법천자문 영문법원정대〉, 〈메이플 매쓰〉, 〈쿠키런 서바이벌 대작전〉, 〈신비아파트 한자 귀신〉 등 어린이 학습만화를 그리고 있습니다. 어린이들이 즐겁고 재미있게 공부하고 꿈을 키울 수 있도록 멋진 그림을 그리고 있답니다.

캐릭터 소개

용감한 쿠키

기억을 잃고 달고나 마을에서 깨어난 쿠키.
생각의 별사탕을 찾기 위해 모험을 계속하다
과거 기억의 한 조각을 기억해 낸다.

호밀맛 쿠키

강력한 호밀 쌍권총을 휘두르며 나쁜 짓을 일삼는
쿠키나 몬스터에게 정의의 호밀 총알을 쏘아 댄다.
용감한 쿠키와 용의 길에서 만나 동료가 된다.

커스터드 3세맛 쿠키

백성과 함께하는 위대한 왕이 되고 싶어하는 쿠키.
나중에 왕국을 만들어 용감한 쿠키와
호밀맛 쿠키를 장관에 임명시키고 싶어 한다.

뱀파이어맛 쿠키

항상 힘없는 행동과 말로 용감한 쿠키 일행의
기운을 빠지게 하지만 중요한 순간에 제 역할을 한다.
연금술사인 동생을 무서워한다.

에스프레소맛 쿠키

자신의 완벽한 커피에 어울릴 전설의 각설탕을 찾기 위해
영웅의 관문 너머로 가려고 한다. 목적지가 같아
용감한 쿠키 일행의 일원이 된다.

연금술사맛 쿠키

못 미더운 오빠 때문에 항상 걱정이 마를 날 없는 똑똑한 동생.
오빠를 찾기 위해 영웅의 관문 너머 바닐라 성소로 가려고 한다.

칠리맛 쿠키

바닐라 성소에 있는 소울잼을 찾기 위해 영웅의 관문으로 왔다.
마음에 드는 쿠키에게는 도움을 주고 싶어하는 의리 있는 도둑이다.

독버섯맛 쿠키

느릿한 말투와 퀭한 눈으로 상대방의 의욕을 꺾기 일수인 쿠키.
모종의 이유로 용감한 쿠키의 일행이 되어 여행을 함께 하고 있다.

벨벳케이크맛 쿠키

바닐라 왕국의 전사였으나 변절하여 어둠마녀 쿠키의
케이크 몬스터 군단을 이끈 군단장. 퓨어바닐라 쿠키의
시간 정지 마법으로 수천 년의 시간 동안 잠들어 있었다.

감초맛 쿠키와
초코크림 녹대 망치맨

어둠마녀 쿠키를 부활시킬 열쇠로 용감한 쿠키를
이용하기 위해 그의 뒤를 바짝 쫓고 있다.

석류맛 쿠키

잊혀진 석류의 숲의 석류 마을에 사는 대무녀.
어둠마녀 쿠키의 부활을 위해 때를 기다리고 있다.

차 례

1화 정령을 삼킨 주술진

내 지팡이잖아!

파아

독버섯맛 쿠키!
너 무슨 짓을
한 거야,
이 답답한 녀석아!

죄송해요오~.
어쩌면
좋지요오?

여길 내려가서
뺏을 수도 없고!

저 검을 결국
손에 쥐고
말았군.

어디 한번 그때처럼
끔찍한 짓을 저질러 봐,
용감한 쿠키!

큭!

뭐야?
저 검을 손에 쥐면
강해지는 거
아니었어?

…….

뭐 하는 거지?
네가 그따위 나무 정령에게
당할 리가 없잖아!
빨리 네 진짜 힘을 발휘해!
그리고 기억을
떠올려라!

으으…
난 아무것도
기억 안 나…

이… 이게 뭐지?

웅 웅 웅

이보게….

웅 웅

나를 여기서 꺼내 주게….

이 안에 누군가가 갇혀 있나 봐!

내게 구해달라고 하는 것 같아!

엥? 저 녀석 뭐 하는 거야? 정령의 몸속으로 들어가는 건가?

뭐? 안 돼!

저 안에는 그루터기 정령의 정신을 가둬 놓은 주술진이 있어! 저게 파괴되면 그루터기 정령이 내 주술에서 풀려난다고!

이런…!

아, 그래? 알려줘서 고마워!

이 주술진을 깨면 된다는 말이지?

깨면 안 된다는 말이거든!

그, 그게 쉽게 깨질 리도 없지만 그건 아주 정교한 주술진이라고! 주술의 배열이 어긋나기라도 하면…!

정령을 삼킨 주술진 ◆ 17

18 ✦ 쿠키런 킹덤

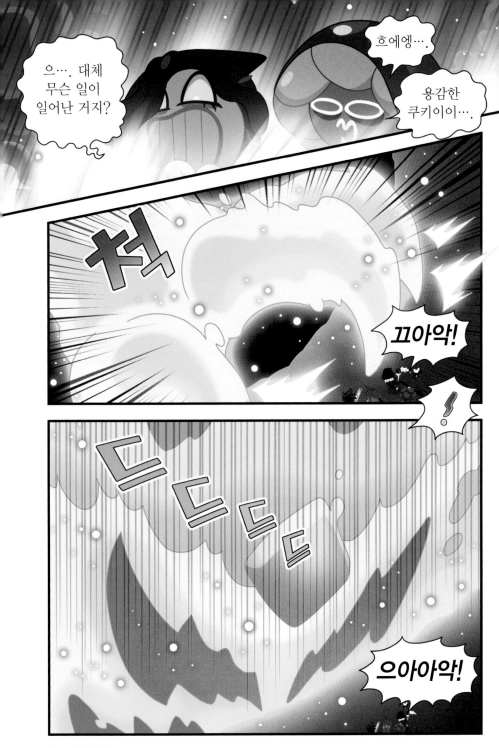

그루터기 정령이
거대해졌어!

와악!

용감한 쿠키는
어디 있지?

아!

저기
매달려 있군.

무, 무슨 짓이야!
이러면 마을…,
아니,
석류의 숲 전체가
타 버릴 수
있다고!

그러면
안 되나?

어차피
어둠마녀 쿠키 님이 부활하면
이 세상은 다시
전쟁터가 될 텐데
그때 불타나 지금 타 버리나
마찬가지 아닌가?

뭐, 뭐라고?
그런 말도
안 되는…!

용감한 쿠키를 오염된 그루터기 정령과 싸우게 하다니.

이럴 때가 아니야! 빨리 구하러 가자!

어? 잠깐….

저게 뭐죠? 설마…!

산불?

저, 저긴! 마을이 있는 곳이야!

네?

빨리 가 보자!

다다다

산불은 또 왜 난 거야!

저건 신목인 석류나무의 정령이야! 어떻게 저런 모습으로 변했지?

불은 또 왜 난 거냐고!

얘, 얘들아! 저기 저 불타는 거대 괴물에 용감한 쿠키가 붙어 있어!

뭐라고?!

하르르
대롱
대롱

정말이잖아! 위험하게 왜 저러고 있는 거야! 불에 바싹 구워지겠어!

뛰어내려, 용감한 쿠키!

우리 말이 안 들리나 봐!

일단 불부터 꺼야겠어요!

아! 내가….

나한테 소화기 캡슐이 있어요.

척

이럴 수가!
불이 너무 크게 나서
내 소화기 캡슐로는
어림도 없어!

흠흠.

그럼 제가
나서 보겠습니다.
커피로….

에스프레소맛
쿠키! 지금
커피 타령할 때가
아니라고!

용감한 쿠키를
빨리 구해야 돼!
아! 잠깐….

……

비가
와요!

응?
이건 커피?

네~.
아메리카노~.

대단
하다!

누, 누구세요?

내 이름은 칠리맛 쿠키. 근데 그게 중요한 게 아니고!

칠리맛 쿠키라고요? 호밀맛 쿠키의….

맞아. 아무튼 그보다!

이걸 받아, 용감한 쿠키!

이게 뭔데요? 잘 보이지도 않는걸요?

이건 소울잼의 부스러기야. 영웅의 관문에 있는 바닐라 성소에서 찾아냈지.

네?! 이게 소울잼이라고요?

커피가루로
마법진을 그리고….

콰아아

화르르

……

콰아아

불을 뿜어라,
베로베로!

콰

콰

콰

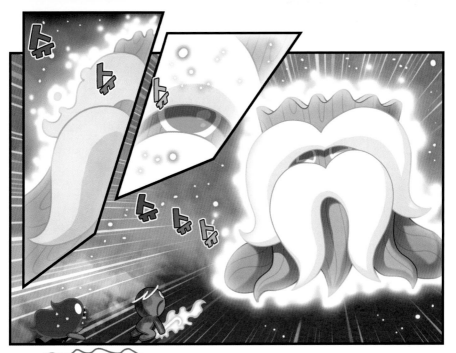

고맙소,
용감한 쿠키….
내 본 모습으로
돌아올 수 있게
해 주었구려….

당신…!

정령 님이
원래대로
돌아오셨어!

세상에….
저 할아버지가
방금 전의 거대한
괴물이라고?

자, 잘은 모르지만 석류맛 쿠키도 방법이 없다면…. 바로 그곳! 어둠마녀 쿠키 님이 봉인된 곳에 가 보는 건 어때요? 그곳이 바로 어둠의 힘이 집결된 곳이거든요.

석류맛 쿠키도 그곳에서 힘을 얻었잖아!

그곳이 어디지? 빨리 가자!

하지만 거긴 굉장히 먼 곳인데….

석류맛 쿠키! 네 주술로 순간 이동이 가능하지 않아?

순간 이동의 주술은 너무나 많은 힘이 필요해! 그 힘을 모으려면 이 숲을 둘러싼 주술을 풀어야…!

주술을 푼다…?

찰스와
독버섯맛 쿠키가 아직
깨어나지 못했는데….

얘들아!
일어나!

에이, 몰라!
저 무능력한
녀석들은
필요 없어!

석류맛 쿠키!
빨리 시작해!

용감한 쿠키!
이 원한은 반드시
갚아 주마!

기다리고
있어라!

벨벳베이크맛
쿠키…!

어?
이건….

햇빛이
비치고 있어!

타 버린
숲의 땅 밑에는
여전히 살아 있는
뿌리들이
움트고 있고,

우리는 그들에게
여전히
정령의 마법을
쓸 수 있소.

화 화

그리고 보니
부스러기가
지팡이에
박혀 있어!

이걸 빼내면
불이 꺼질까?

스륵

이런!
부스러기가
지팡이 안으로
들어가 버렸어!

소르르

?!

어,
불이 꺼졌어!

뭐야?
어떻게
한 거야?

사실이 불이
아닌 거 아니야?
안 뜨거운 불이란 건
없잖아.

아냐.
불 맞아.

이 파란 불꽃에
휩싸인
케이크베로스가
괴로워하는 걸
봤잖아.

벨벳케이크맛
쿠키가 말했어.
옛날에 내가 이 불꽃으로
케이크몬스터를
태워서 없애
버렸다고….

벨벳케이크맛
쿠키가
나에게 원한을
가질 만해.

독버섯맛 쿠키!

흐잉…. 다들 미안해에….

기절해 있더니 이제야 깨어났냐!

이 배신자!

얘들아, 잠깐만!

흐에엥…

독버섯맛 쿠키가 도와주지 않았으면 정말 큰일이 났을 거야. 이 지팡이 일부러 나에게 던져 준 거 맞지?

용감한 쿠키….

네가 진짜
그랬다고?

흠.
웬일이야?

요, 용감한 쿠키도
나를
구해줬으니까아~.

네가 따르던
감초맛 쿠키는
기절해 있는 널
아주 쉽게 버리고
가던데.

힝….

아!
같이 쓰러져 있던
초코크림 늑대
망치맨은?

그 녀석 깨어나면
또 시끄러워질 텐데
말이지.

끄응….

여긴 어디지?

어디선가 커피 향기가 솔솔 풍겨 오는 것 같은데.

아…. 연금술사맛 쿠키가 보여.

그렇구나. 여긴 천국이었어. 내가 죽었나 봐.

와~, 나 나쁜 짓 많이 했는데 천국에 왔어!

완전 꿀이네! 신난다~!

…?

죽었지만 행복하다!
연금술사맛 쿠키를
다시 만나다니!

뭐 하는 거야?
정신 차려!

헐, 뭐지?
아프잖아!

천국 아니고
지옥인가?

……

그, 그런 일이….

감초맛 쿠키 님이 우릴 버리고 도망갔다고…!

온통 적뿐인 이곳에 나와, 그렇게 귀여워하던 독버섯맛 쿠키까지 버리고 가시다니….

이봐….

…….

정말 버림받은 건가….

울지 말고 기운 내….

그럴 줄 알았어! 감초맛 쿠키 님은 그러고도 남을 분이야!

파악

감초맛 쿠키 님을 배신하고 다시 찾아갈 수는 없어어….

고향에 가서 버섯 요리 식당을 차릴 거야. 나 버섯 재배에는 자신 있거든~.

독버섯은 아니겠지.

용감한 쿠키는 이제 어쩔 거야?

난 벨벳케이크맛 쿠키를 다시 만나야 해! 파란 불꽃에 괴로워하던 케이크베로스도 어떻게든 도와주고 싶어.

내 과거를 알고 있는 벨벳케이크맛 쿠키와 풀어야 할 것들이 많아.

그런데 순간 이동으로 사라진 그들이 어디로 갔는지 어떻게 알고 찾아가?

그건….

개털로 찾을 수 있지 않나요?

숲에 난 불 때문에 다 타 버렸어요.

저런.

어둠마녀 쿠키가 봉인된 곳이라고 했던 것 같은데 거기가 어딘지 아는 쿠키 없어?

있을 리가~.

……

혹시, 거기가 아닐까아~?

뭐? 너 뭔가 알아?

감초맛 쿠키 님한테 대륙의 흑마법사들의 모임에 대해 들은 적이 있어.

몇십 년 전에 한 마법사 쿠키가 대륙을 여행하다가 이상한 글자가 잔뜩 새겨진 도자기 조각을 주웠대.

거기에 써진 고대의 글을
해독한 것에 따르면
그 옛날 암흑의 힘으로
세상을 집어삼키려 했던
어둠마녀 쿠키에 대한 거였고~,
그때부터 흑마법을 쓰는
쿠키들을 모아서
어둠마녀 쿠키의 흔적을
찾기 시작했대에~.

그렇게 대륙을 뒤지며
수십 년을 찾아 헤맨 끝에
드디어 어둠마녀 쿠키가
봉인되어 있는 곳을
찾아냈는데

그곳에는 수천 년간 봉인되어 있는 어둠마녀 쿠키에게서 흘러나오는 어마어마한 어둠의 힘이 있었고 그 힘으로 여러 흑마법사와 주술사들이 놀라운 능력을 얻었대!

그, 그래서 거기가 어딘데?

장소가 어딘지는 정확히 모르고…, 아주아주 먼 곳이야. 거대한 기둥들이 서 있고, 그 가운데에는 바닥이 보이지도 않는 깊고 깊은 구덩이가 있대에….

앗, 설마 거기인가?!

우리가 사는 이 어썸브레드 대륙의 동쪽 끝에는 다크홀이라고 불리는 거대한 구덩이가 있다고 들었어요! 쿠키들은 옛날에 운석이 떨어진 자리라고도 하고, 지반이 내려앉아 생긴 싱크홀이라고도 하는데 확실한 건 없죠.

다크홀?!

그곳이 여기서 멀어?

엄청나게 멀어요. 대륙의 끝인걸요.

뭐? 석류맛 쿠키는 그 먼 곳으로 순간 이동을 한 거야?

석류맛 쿠키도 굉장하구나~.

나, 나는 그곳으로 가야 해! 벨벳케이크맛 쿠키도 만나고 내 과거도 알아야 해. 푸른 불꽃의 비밀도 반드시 밝히고 싶어.

이제 용감한 쿠키만이 아닌 저도 그곳으로 가야 할 이유가 생겼어요.

어둠마녀 쿠키의 부활은 이 대륙의 운명이 걸린 일이에요. 어떻게든 부활을 막아야 한다고요!

다크홀까진 얼마나 걸릴까!

가능할 수도 없어요. 이 대륙의 크기는 알려진 것보다도 훨씬 큰데, 그 끝에 있다니….

마법으로 순간 이동을 한다고 해도 그곳이 어딘지 정확하게 알아야 가능해요.

석류맛 쿠키는 그곳에 가 본 적이 있기 때문에 순간 이동을 한 겁니다.

아…

어딘지도 모를 머나먼 곳에 있다니. 한마디로 우리는 갈 방법이 없다는 건가.

으아아, 안 돼!

신의 힘을 빌리면 가능할지도 모르겠네요….

신의 힘?!

우리 대륙엔
네 마리의 신수가
살고 있죠.

신의 은총을
받은 네 마리의
성스러운 동물들….
그 중 한 마리인
설탕백조가 이곳에서
그리 멀지 않은 곳에
있어요.

설탕백조의 힘이면
우릴 그 다크홀에
보내줄 수
있을 겁니다.

제가 알기로
설탕백조는 날갯짓
한 번으로
이 세상 그 어디든
갈 수 있거든요.

다크홀로 가는 길 ❖ 85

착한 악당이 될게~!

초코크림 늑대 망치맨과 독버섯맛 쿠키가 떠나고….

얘들아, 조심해에~.

용감한 쿠키 일행도 떠날 준비를 마쳤습니다.

그런데 말이야, 연금술사맛 쿠키.

네?

네 오빠는 언제까지 돌이 되어 있는 거야?

그게…, 저는 1분간 돌이 되는 약인 줄 알았는데 알고 보니 3일 동안 돌이 되는 약이었지 뭐예요.

그렇게
석류 마을을 떠나는
용감한 쿠키와
친구들….

흐음….

그루터기
정령 님,
무슨 걱정
있으세요?

그것이…,
내가 석류맛 쿠키의
주술에 걸려
정신을 잃어 갈 때
이런 소릴
들은 것 같다네.

x

석류 숲에 오기 전에
나의 힘이 얼마나
강해졌는지
시험해 봤는데
정말 굉장했어!

그런 신의 동물도
변했는데 너 정도의
그루터기 정령 따위야
우습구나!

그 신의 동물이
설마…, 저 쿠키들이
찾아가고 있는
설탕백조는
아니겠지요?

그래, 아니겠지.
아닐 걸세!
내가 제정신에
들은 것도 아니니….

제발 아니길
바라야지.

에스프레소맛 쿠키.
설탕백조는
어떤 곳에
살아요?

아!
설탕백조는
나무 위에서
살고 있습니다.

나무 위…!
와, 예쁘겠다! 백조가
앉아 있는 나무라니.
멋진 그림의
한 장면 같을 거야!

오,
소녀 감성의
연금술사맛
쿠키~.

아! 저 먼 곳에 설탕백조가 사는 나무가 보이네요!

우아, 정말요?

어디…?

엥?

어디 뭐가 보인다는 거야?

저기 보이는 녹색의 산 같은 게 보이죠?

아, 저 산속에 나무가 있어요?

아니요! 저 산처럼 보이는 게 나무예요.

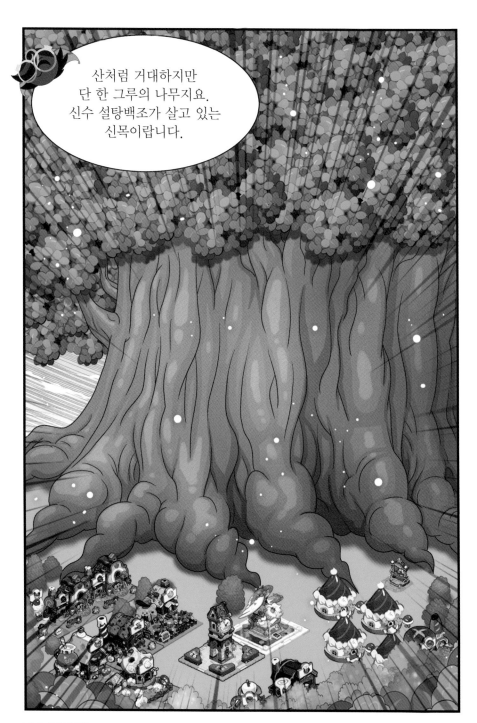

대륙의 끝

이제 뭘 어쩌면
되는 거냐!

어둠마녀 쿠키 님의
힘이든 뭐든 불러내서
나의 베로베로를
구해줘!

어둠마녀 쿠키 님의
힘을 받으려면
어둠의 힘을 불러내는
주문과 절차가 필요해.
기다려라.

시간이
없다고!

이러다간
베로베로가!

끄으응….

4화 신수의 비밀

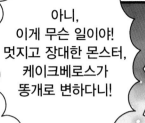

아니,
이게 무슨 일이야!
멋지고 장대한 몬스터,
케이크베로스가
똥개로 변하다니!

케이크베로스의
어둠의 힘을
그 파란 불꽃이
다 태워 버려서
이렇게 형편없이
변해 버린 건가?

베로베로.

이 모습은,
내가 베로베로를
처음 만났을 때의
모습이야.

네?
처음 만났을
때의…?

그리고,
내 손은 언제부터
이렇게 된 거지?

푸른 불꽃….

용감한 쿠키의
푸른 불꽃이라….

그 푸른 불꽃에
휩싸였던 내 부하들.
나의 케이크몬스터 군단.
설마 그들도
베로베로처럼…?

벨벳케이크맛 쿠키 님!
이제 어쩌죠?
석류맛 쿠키에게
주술로 어둠마녀
쿠키 님의 힘을 다시
불러내라고 할까요?

그래야지.
케이크베로스가
저런 똥개의 모습이면
아무 도움이 되지 않아!
다시 거대 몬스터로
만들어야 해.

잠깐 기다….

어, 어둠마녀 쿠키 님?!

뭐?

무슨 소리야? 어둠마녀 쿠키 님이라니! 부활이라도 하셨다는 거야?

앗! 저기를 봐!

한편
신목 근처에 도착한
용감한 쿠키 일행.

우아!
하늘이 나무로
다 가려질 만큼
거대해!

저게
한 그루의
나무라니!

이 나무 안에
설탕백조가 있어도
찾기도 힘들겠다.

에스프레소맛
쿠키!
우리가 부르면
설탕백조가
나올까?

아니요.
설탕백조는
절대 신목을
벗어나지
않아요.

그럼
어떻게 해야
만날 수 있나요?

신목 아래에 있는
마을에 가면
가이드가 있을
겁니다.

그런데…, 유명한 관광지치고는 쿠키가 너무 없어요!

관광 비수기인가 보네요.

흠…. 뭔가 이상해요.

계세요! 신목에 사는 설탕백조를 만나러 왔는데 가이드 있나요?

쾅 쾅

아무도 없어요?

누구 안 계세요?

가이드를 찾는 거야?

맞아!

내가
해 줄게!

나
신목 오르는 길
잘 알아!

어? 꼬마야.
어른들은
어디 가셨니?

모두
가이드 하러
신목으로
올라갔어.

정말?
와~. 진짜
관광객들이 많이
왔나 보네.

근데 네가
정말 가이드를
할 수 있어?

당연하지.
우리 마을 최고의 가이드가
우리 형이었는데
형 따라서 신목에
엄청 자주 갔었어.

설탕백조가 사는 나무 위의 호수에도 가 봤다고!

와! 나무 위에 호수가 있어?

그보다 설탕백조를 봤어? 신수라던데 어때? 아름답고 위엄 있고 신비롭고 그래?

설탕백조는 나뭇가지 틈에 고인 호수에 사는데 그 호수가 엄청 맑고 아름다워. 물이 거울처럼 맑다고!

설탕백조는 그 거울 같은 호수에서 우아하게 수영을 하고 있다가….

관광객들이 오면
쿠키들한테
이런 주문을 해!

안녕하세요!

나를
웃겨 보거라.

나를 웃기지
못한다면…, 커다란
화를 입을 것이야.

뭐라고?
혹시 설탕백조
까칠한 성격이야?
웃지 않으면서 일부러
그런 주문을 해서
쿠키들을
괴롭힌다거나….

아니,
엄청 잘 웃어.

그, 그래?

아~,
오렌지를 먹은 게
얼마나 오랜지~.

너
언제적 농담을
하는 거야….

나무줄기 사이에 등산로처럼 길이 잘 만들어져 있잖아!

이 정도면 쉽게 오를 수 있겠어!

정말 놀라워! 우리가 지금 한 그루의 나무를 오르고 있는 거라니….

앗! 큰일 났다!

무슨 일인데!

오, 오줌 마려워….

야! 나무에다 실례하면 절대 안 된다!

철 벽

헤헤.

이야~!
너 꼭 날다람쥐
같았어!

팬케이크맛 쿠키.
네가 아까
마을 쿠키들이 모두
가이드로 나가 있다고
했잖아.

응!
맞아.

가이드 쿠키와
관광객들이 모두 올라갔다면
내려오는 쿠키들도 있어야
하는 거 아니야?

왜 한참이나 올라왔는데
내려오는 쿠키들이
하나도 없지?

그건
이 길이 아주 힘든
전문가 코스라서
그런 거 아닐까?

5화 사라진 마을 사람들

사실은….

나 혼자 마을에서 너무 무서웠어!

형이 금방 올 거라고, 기다리라고 했는데…, 아무리 기다려도 안 오잖아!

팬케이크맛 쿠키….

혼자서라도 올라가서 찾아보고 싶어도 무서워서 혼자 못 가고 있었는데, 쿠키들이 마을에 온 걸 보고 가이드인 척했어!

나 사실 가이드 아니야. 형이랑 같이 설탕백조 만나러 몇 번 올라가 본 게 다야!

세상에!
저 지평선 좀 봐!

멋진데!
우리가
얼마나 높이
올라온 거야!

절반 정도
올라왔어.

우아,
굉장하다….

용감한 쿠키.
무슨 생각 하고
있어요?

아,
연금술사맛
쿠키.

그냥…,

이렇게
멀리서 보니
세상이 참
평화로워 보여서.

어둠마녀 쿠키가 부활하면 이 대륙은 어찌할 새도 없이 전쟁의 불길에 휩싸일 거예요.

그런 일이 일어나지 않도록 최선을 다해야죠!

네 말이 맞아, 연금술사맛 쿠키.

전쟁의 불길….

?!

산장 주인아저씨인 털보맛 쿠키는 엄청 재밌고 상냥한 분이야.

아저씨! 저예요! 팬케이크맛 쿠키 왔다고요!

쾅

아저….

?

어?!

뭔가가
움직이는 게
느껴졌어!

동물이라도
들어왔나?
팬케이크맛 쿠키.
여기에
동물들도 있어?

그럼! 신목에
별별 동물들이 많이 살아.
새도 있고 뱀도 있고
사슴, 다람쥐 등등 동물이
얼마나 많은데~.

그럼 뱀인가 봐!
바닥을 기어 다니는
느낌이 들었거든.

스르륵

앗!

저쪽이야!
나도 느꼈어!

가 보자!

탓

정말 뱀인지
확인해 보는 게
좋겠어.

아! 저기 봐! 뱀 맞네.

으악! 근데 굉장히 커!

저렇게 큰 뱀은 없을 텐데….

탁자 뒤로 숨었어!

엥? 쿠키인가?

…?

저, 저게 뱀이야, 쿠키야?

끼아악!

야압!
뱀 쫓는 물약!

끄어어!

홱

샤샤샤

도, 도망간다!

저렇게 생긴
까마귀도 있나?

쿠키 같아서
묘하게 기분
나빠요.

으스스
하다….

사, 사슴?

나, 나무가 나를
물려고 했어!

뭐? 아무리
여기 분위기가
무섭다고 해도
그건 좀
심하다!

아냐,
진짜라고!

그게
문제가 아니야!
이 신목에 사는
동물들이 이상하게
변했다는 건….

설탕백조도
이상하게
변해 버렸을지도
모른다는 거야.

그럴 리 없어요!
다른 동물이면 몰라도
설탕백조는 신의 힘을 가진
신수예요! 여기에
그 어떤 불길한 힘이
있다고 해도
신수를 변화시키진
못할 겁니다.

으아아! 살려줘!

커스터드 3세맛 쿠키!

맙소사! 커스터드 3세맛 쿠키가 나무줄기 속으로 빨려 들어갔어!

이상한 쿠키도 사라졌어!

이게 무슨…!

앗! 커스터드 3세맛 쿠키의 목소리야!

커스터드
3세맛 쿠키!

커…!

호수가 있어.
저렇게
커다란 호수가
있다니….

맞아.
여기가 바로
설탕백조가
사는….

그런데
뭔가 이상해!

물 색깔이
왜 저렇게
시커멓지?

이곳은 원래
거울처럼 맑은
호수인데?

어쨌든 저 호수 가운데에 있는 섬에서 커스터드 3세맛 쿠키의 소리가 난 것 같아. 가 보자!

잠시만요!

아무래도 이상해요. 저 검은 호수 물에서 사악하고 강력한 주술의 힘이 느껴져요. 물에 가까이 가면 안 될 것 같아요.

커, 커스터드 3세맛 쿠키가 변했어!

으아아! 어떡하면 좋아!

파닥

파닥

커스터드 3세맛 쿠키~!

서, 설탕백조는 어디 있는 거야? 신목에 이런 일이 일어나고 있는데 어디서 뭐 하고 있냐고!

으아, 몰라…. 항상 호수 위에 떠 있었는데!

파

아

첨벙

쿠아아아

석류 마을의 주민들이 용감한 쿠키 일행의 활약을 정리하고 있습니다. 아래의 그림과 설명을 잘 보고 순서대로 나열해 보세요.

논리력

1 벨벳케이크맛 쿠키는 용감한 쿠키를 공격하기 위해 거대하게 변한 그루터기 정령에 불을 붙인다.

2 주술진의 비밀을 알게 된 용감한 쿠키가 주술진을 깨뜨리려고 한다.

3 주술진이 사라진 오염된 그루터기 정령은 거대하게 변해 버린다.

4 용감한 쿠키는 오염된 그루터기 정령의 몸속에서 주술진을 발견한다.

(   ) – (   ) – (   ) – (   )

소울잼의 부스러기를 박은 지팡이는 기이한 푸른 불꽃을 내뿜으며 석류맛 쿠키의 주술을 깨뜨렸다. 이를 보고 용감한 쿠키의 기억이 돌아왔다고 생각한 벨벳케이크맛 쿠키는 용감한 쿠키를 공격하지만 이를 방어하던 용감한 쿠키로 인해 베로베로는 푸른 화염에 휩싸인다. 베로베로를 구하기 위해 벨벳케이크맛 쿠키는 석류맛 쿠키에게 다크홀로 이동하라고 재촉하고, 석류맛 쿠키는 순간 이동의 힘을 모으기 위해 석류 마을에 걸려 있던 모든 주술을 해제한다.

① 소울잼의 부스러기를 박은 지팡이는 석류맛 쿠키의 주술을 강하게 만들었다.

② 용감한 쿠키의 기억은 기이한 푸른 불꽃과 함께 돌아왔다.

③ 용감한 쿠키는 자신을 보호하기 위해 베로베로를 공격했다.

④ 석류 마을에 걸린 주술을 풀어야만 다크홀로 이동할 수 있다.

레벨업 퀴즈 ③

①과 ③의 그림을 보고, ②에 들어갈 수 있는 이야기를 자유롭게 써 보세요.

레벨업 퀴즈④

정신을 차린 감초맛 쿠키의 눈앞에 펼쳐진 놀라운 광경! A그림과 B그림을 비교하고 다른 부분 여섯 곳을 찾아 보세요.

집중력

용감한 킹덤일보 8호

❖ 책 속 이벤트 ❖

대륙의 끝에 있는 검은 구멍, 그 안에 잠든 존재의 정체는?!

흑마법사들 사이에서 공공연한 비밀로 여겨졌던 바로 그 소문, 어둠마녀 쿠키는 지금도 존재하며 어딘가에 잠들어 있다는 소문이 최근 사실로 밝혀져 쿠키 세계가 큰 충격과 혼란에 빠졌습니다. 이름을 밝히지 않는 어느 보라색 쿠키에 따르면 그 장소는 거대한 검은 구멍과 그 구멍을 둘러싸고 있는 여섯 개의 기둥으로 이루어졌다고 합니다. 수천 년간 잠들어 있는 어둠마녀 쿠키에 의해 어마어마한 어둠의 힘이 흘러나오고 있다는 바로 이 장소. 수많은 흑마법사들과 주술사들이 어둠의 힘을 얻기 위해 찾아간다는 이 장소의 이름은 무엇일까요?

정답을 맞히면 푸짐한 선물 있다고 전해져….

정답을 맞혀 [용감한 킹덤일보]에 제보해 준 독자 **15명**을 뽑아 선물을 드립니다.

▲쿠키런 킹덤 1000크리스탈 쿠폰 2개(10명)

▲쿠키런 킹덤 문구 세트(5명)

◆ **참여 방법**　① 카카오톡 채널에서 '서울문화사 어린이책' 채널 추가한다.
　　　　　　　② 이벤트 기간 동안 [용감한 킹덤일보 8호] 게시글을 읽는다.
　　　　　　　③ [용감한 킹덤일보 8호] 링크를 누르고 질문에 답한다.

◆ **이벤트 기간** 2022년 9월 1일 ~ 2022년 9월 23일까지

◆ **당첨자 발표** 2022년 9월 30일
　　　　　　　(서울문화사 어린이책 공식 카카오톡 채널에서 게시글 공지)

※실제 상품은 이미지와 다를 수 있습니다.

✤ 킹덤일보가 만난 정령 ✤

석류맛 쿠키에 의해 오염되었던 그루터기 정령의 부활!
뱀파이어맛 쿠키의 양자 입적을
고민 중이라 밝혀 충격!

◆

어둠마녀 쿠키가 잠들어 있다는 대륙의 끝에 가기로 한 용감한 쿠키 일행. 그곳에 가기 위해 대륙의 신수, 설탕백조를 찾아 가겠다고 말해 어둠마녀 쿠키에 대해 연구하는 많은 쿠키들의 주목을 받고 있습니다.

그런데 길을 나서는 용감한 쿠키 일행 중 뱀파이어맛 쿠키의 모습이 보이지 않아 일각에서는 감초맛 쿠키 일행과의 전투 중에 큰 부상을 입은 것이 아니냐는 반응을 보였는데요.

하지만 용감한 쿠키 일행과 친하다고 주장하는 한 쿠키에 의하면 석류맛 쿠키의 주술에서 벗어난 그루터기 정령이 허전한 마음을 달래기 위해 뱀파이어맛 쿠키를 자신의 양자로 들이는 것을 고민 중이었다고 전해 왔습니다.

돌이 된 뱀파이어맛 쿠키를 소중하게 품에 안고 있는 그루터기 정령.

✤ 레벨업 퀴즈 정답 ✤

퀴즈 ❶

④-②-③-① 그루터기 정령의 몸속에 들어 있는 주술진을 발견한 용감한 쿠키는 석류맛 쿠키에게서 주술진의 비밀을 듣고 주술진을 깨뜨리게 된다. 하지만 주술진에서 벗어난 그루터기 정령은 거대하고 난폭하게 변해 버리고 벨벳케이크맛 쿠키는 그루터기 정령에 매달려 있는 용감한 쿠키를 공격하기 위해 불을 지른다.

퀴즈 ❷

④. 다크홀로 이동하라는 벨벳케이크맛 쿠키의 말을 듣고 순간 이동을 위해서 석류 마을에 걸린 주술을 해제한 것이므로 주술을 풀어야만 다크홀로 이동할 수 있는 것이 맞다.

퀴즈 ④

아니! 이게 무슨 상황이야! 대체 무슨 일이 있었던 거냐고!

초판 1쇄 발행 2022년 8월 30일
초판 3쇄 발행 2024년 5월 20일

글 김강현
그림 김기수
발행인 심정섭
편집인 안예남
편집팀장 이주희
편집 김정현, 도세희, 정성호, 송유진
제작 정승헌
브랜드마케팅 김지선
출판마케팅 홍성현, 경주현
디자인 디자인 레브

발행처 ㈜서울문화사
등록일 1988년 2월 16일
등록번호 제2-484
주소 서울시 용산구 새창로 221-19
전화 02-799-9168(편집) | 02-791-0752(출판마케팅)

ISBN 979-11-6923-071-1
ISBN 979-11-6438-804-2 (세트)

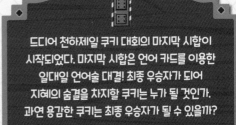

오리지널 레벨업 코믹북

7권 대출간!

오븐 속 쿠키들, 왕국의 모험가가 되다!

수천 년의 잠에서 깨어난 케이크베로스!
벨벳케이크맛 쿠키는 용감한 쿠키를 공격한다!

내 몬스터 군단을 전멸 시킨 녀석!

감초맛 쿠키 니임!

뭐

용감한 쿠키의 정체는 **미지의 용사?**
이를 확인하기 위해 오염된 정령과 싸우게 된 용감한 쿠키!

가디언 골렘, 안녕~

우리 갈게!

요어어어

엄청 사납잖아!

무서워어어~!

덥썩 덥썩

쿠키런 킹덤은?

하나. 쿠키런 킹덤에서 펼쳐지는
두근두근 설레는 모험 이야기

둘. 용감한 쿠키와 동료들이 보여주는
우정과 용기의 인성 이야기

셋. 이야기에 쏙 빠져들면 나도 모르게
이해되는 똑똑한 논리 이야기

서울문화사

쿠키런
COOKIERUN

모험을 통해 배우는
안전 상식 만화!

서바이벌 대작전 ㊸

얼떨결에 서커스를 관람하게 된 용감한 쿠키 일행. 때마침 마술쇼를 펼치는
시나몬맛 쿠키와 쿠키멀즈를 발견하게 되지만 모두 잠에 빠진 상태였는데…!
게다가 관객석을 채운 쿠키들이 모두 영혼이라는 충격적인 사실도 알게 된다!
과연 이 수상한 서커스단에서 잠에 빠진 친구들을 구할 수 있을까?

..isters Corp.
|: 02)791-0752 (주)서울문화사

신비아파트 고스트볼Z 귀도퇴마사

운명을 건 위대한 전쟁이 시작된다!

위험천만한
싸움이 시작됐어!

우리들의 이야기를
애니메이션북으로
만나 봐!

 **제1화**
공포의 개인 방송, 검은 집의 비밀
어느 날, 흉가 체험을 전문으로 하는 BJ가 귀신에게 잡혀 사라지는 영상이 널리 퍼진다. 그리고 영상을 본 다른 아이들도 검은 집에 납치되기 시작하는데….

 제2화
거대한 그림자, 떠나지 못한 맹수의 절규
도심 한복판에 곰이 나타나 반려동물을 데려가는 사건이 발생한다. 괴담 SNS에도 목격담이 올라오자 하리 일행은 곰과 경찰이 대치 중인 장소로 향한다…!

 제3화
울면 안 돼, 눈물을 쫓는 목소리
우는 아이는 망태할아범이 잡아간다며 겁을 주는 할머니. 그 순간, 의문의 목소리가 들리며 어른들은 최면에 걸리고, 아이들은 납치된다!

서울문화사 구입문의 (02)791-07

최강 유튜버 잠뜰 * 각별 * 공룡 * 수현 * 라더 * 덕개가 뭉쳤다!

픽셀리 초능력⚡히어로즈 ❾

값 12,000원

인천·경기도에서
펼쳐지는
좌충우돌 픽셀리 추격전!

새로운 픽셀리인 리라를 찾아 인천으로 떠난

 과

우여곡절 끝에 리라와 만나고, 지워진 역사를 알게 된다.

다크 픽셀 시티와의 비극적인 과거 이야기를 듣고
혼란스러워하기 시작하는 픽셀리들!

그러나 피할 수 없는 운명의 시간이 다가오는데….

가까워지는 최후의 결전!

픽셀리들은 모두를 지킬 수 있을까?!

❾ 인천·경기도 투어

◆1화◆
전설의
K팝 스타

◆2화◆
과거로
향하는 문

◆3화◆
지워진
역사

◆4화◆
다가오는
운명의 순간

◆5화◆
대부도와
인어들의 도시

전국 서점 및 마트에서 만나요! | 구입 문의 : 02)791-0752 서울문화사